EXAMEN

de la Loi

ÉLECTORALE.

PAR

LE BARON BLEIN,

ANCIEN OFFICIER GÉNÉRAL
du Génie.

PARIS

IMPRIMERIE DE A. BARBIER,

RUE DES MARAIS S.-G., N. 17.

1831

AVIS.

*

Un premier travail sur cet objet a été adressé à la Chambre des pairs par l'auteur qui n'a pu le terminer qu'au moment où la Chambre des députés avait voté la loi. La précipitation avec laquelle il a été fait, d'après les tableaux incomplets joints au rapport de la commission, a dû y introduire quelques erreurs assez graves. L'auteur a cherché à les faire disparaître dans ce nouveau travail.

M. le Rapporteur de la commission de la Chambre des pairs n'a point fait la moindre mention du projet exposé par l'auteur, vraisemblablement par la raison que ce projet anéantissait absolument celui de la Chambre des députés.

Quoique l'auteur n'ait aucun espoir de voir les Chambres ramenées en ce moment aux idées et aux principes qu'il expose, il croit devoir publier ce travail, afin que ces idées et ces principes qu'il croit utiles puissent germer dans les têtes des publicistes, et être mises à profit plus tard, quand on se sera convaincu des vices du système électoral actuel. D'ailleurs le projet de loi va être renvoyé à la Chambre des députés, et il serait encore possible qu'elle profitât de quelques documens contenus dans ce travail.

EXAMEN

DÉ LA

LOI ÉLECTORALE.

———————

Lorsqu'il s'agit de former une réunion partielle de citoyens chargés, par la portion la plus riche de toute une population, de veiller aux intérêts de la chose publique, et lorsque cette population se trouve déjà répartie en plusieurs agglomérations distinctes, à peu près semblables en étendue territoriale, mais différant entre elles, soit par leur populaiton, soit par leur richesse foncière et industrielle, on ne peut se refuser à admettre que le nombre des citoyens députés par chaque agglomération doit être déterminé en partie par la population, et en partie par la richesse territoriale ou industrielle, considérées spécialement dans cette agglomération.

Comme il s'agit ici de la France dont la population est maintenant de 32,000,000 d'âmes, ses agglomérations distinctes sont ses 86 départemens, dont le plus peuplé contient 1,013,373 et le moins peuplé 125,329 habitans.

La richesse tant territoriale qu'industrielle y est représentée par les contributions directes de quatre natures diverses, foncière, portes et fenêtres, mobilière et personnelle, et patentes, s'élevant en principal pour toute la France à 220,000,000 fr., ou à peu près. Le département le plus imposé paye pour sa part 23,884,166 fr., le moins imposé, 271,611 fr.

Si l'on n'avait égard qu'à la population, le département le plus peuplé, la Seine, devrait avoir huit fois le nombre de députés qui serait attribué au moins peuplé (les Hautes-Alpes). Si l'on n'avait égard qu'à la richesse, le département le plus imposé (la Seine) devrait avoir environ 88 fois le nombre de députés qui serait attribué au moins imposé (la Corse). En reprenant pour terme de comparaison la Seine et les Hautes-Alpes dont la contribution s'élève à 603,832 fr., on voit que si l'on ne considérait que leur richesse, la Seine devrait avoir 40 fois, à peu près, le nombre des députés attribué aux Hautes-Alpes. En reprenant pour terme de comparaison la Seine et la Corse, relativement à leur population, on verrait que la Seine devrait avoir seulement 5 fois et demie le nombre de députés attribués à la Corse.

La seule manière d'établir une proportion exacte dans la députation de ces départemens est donc de prendre un terme moyen entre les résultats qui seraient donnés par leur population et leur richesse. On trouvera, d'après ce principe qui ne peut être raisonnablement récusé, qu'entre la Seine et les Alpes le rapport moyen est celui de $\sqrt{} \times 40 = 18:1$, et qu'entre la Seine et la Corse ce doit être celui de $\sqrt{88 \times 5,5} = 22:1$.

La Chambre des députés a proposé une ré-partition d'un nombre de 456 députés dans les 86 départemens de la France, de laquelle il ré-sulte que 40 départemens se trouvent appelés à nommer un nombre de députés proportionnel à leur population et à leur contribution directe, ou au moins moyen proportionnel entre ces deux bases.

Si l'on divise la population de la France, de 32,000,000 à peu près, par 456, nombre des arrondissemens nommant chacun un député, on aura 70,000 âmes environ pour un arron-dissement moyen: Si l'on divise par ce même nombre la masse des contributions directes en principal, 220,000,000 fr., on aura, pour la contribution moyenne d'un arrondissement, 480,000 fr.

Les départemens où la population et la contribution directe sont dans le même rapport, à peu de choses près, sont :

Allier.	4 dép.	Loir-et-Cher.	3 dép.
Basses-Alpes.	2	Lot-et-Garonne.	5
Hautes-Alpes.	2	Maine-et-Loire.	7
Ardennes.	4	Haute-Marne.	4
Aube.	4	Mayenne.	5
Aveyron.	5	Meuse.	4
Charente.	5	Nièvre.	4
Drôme.	4	Saône-et-Loire.	7
Gard.	5	Deux-Sèvres.	4
Haute-Garonne.	6	Yonne.	5
Indre-et-Loire.	4		

Total : 21 départemens, 93 députés.

Ceux où le terme moyen proportionnel est plus grand que la population sont : Bouches-du-Rhône, 6 députés ; Eure, 7 ; Gironde, 9 ; Loiret, 5 ; Tarn-et-Garonne, 4. Total, 5 départemens, 31 députés.

Ceux où ce moyen proportionnel est plus petit que la population sont :

Ardèche.	3 dép.	Jura.	4 dép.
Corrèze.	3	Landes.	3
Corse.	2	Loire.	5
Côtes-du-Nord.	6	Haute-Loire.	3
Finistère.	6	Puy-de-Dôme.	7
Ille-et-Vilaine.	7	Haut-Rhin.	5
Isère.	7	Vosges.	5

Total : 14 départemens, 66 députés.

Ensemble 40 départemens, nommant 190 députés.

Mais si les 40 départemens que nous venons de citer ont une part légitime dans la répartition de leur représentation, il en reste 46, dont les uns ont été traités trop favorablement par l'attribution d'un député de plus que leur population et leur contribution ne pouvaient leur faire assigner; et les autres, par une injustice en sens opposé, ont été privés du droit qu'ils avaient à une meilleure répartition. C'est ainsi que l'on a donné un député de trop aux 3o départemens suivans, savoir :

Ain.	5 députés, au lieu de 4.	
Aisne.	7	6.
Arriége.	3	2.
Aude.	5	4.
Cantal.	4	3.
Charente - Inférieure. .	7	6.
Cher.	4	3.
Creuse.	4	3.
Dordogne.	7	6.
Doubs.	5	4.
Gers.	5	4.
Indre.	4	3.
Loire-Inférieure. . . .	7	6.
Lot.	5	4.
Lozère.	3	2.
Marne.	6	5.
Meurthe.	6	5.
Morbihan.	6	5.
Moselle.	6	5.
Orne.	7	6.
Basses-Pyrénées. . . .	5	4.
Hautes-Pyrénées. . . .	3	2.
Pyrénées - Orientales. .	3	2.
Sarthe.	7	6.
Tarn.	5	4.

Var. . . . . 5 députés, au lieu de 4.
Vaucluse. 4   3.
Vendée. 5   4.
Vienne. 5   4.
Haute-Vienne. 5   4.

En effet l'Ain a 341,628 habitans; il aurait droit par cette population à 5 députés; mais sa contribution ne s'élevant qu'à 1,564,817 fr., elle ne lui donne droit qu'à 3 députés : le terme moyen est donc 4. La Haute-Vienne a une population de 276,670 âmes, qui lui donnerait droit au plus à 4 députés. Sa contribution est de 1,427,224 fr., et ne lui donne droit qu'à 3 députés.Ce département sera donc traité encore favorablement en obtenant 4 députés au lieu de 5. L'Aude a 266,000 habitans, qui lui donnent droit à près de 4 députés. Sa contribution est de 2,237,331 fr., et lui donne droit à un peu plus que 4 députés; ce nombre de 4 députés est celui auquel ce département a seulement droit de prétendre.

Nous comptons 13 départemens qui sont lésés dans cette répartition par la privation d'un député; ce sont :

Calvados. . . . . 7 députés, au lieu de 8.
Côte-d'Or. 5   6.
Eure-et-Loir. 4   5.
Manche. 8   9.
Nord. 12   13.
Oise. 5   6.
Pas-de-Calais. 8   9.

Bas-Rhin.	6 députés, au lieu de 7.
Haute-Saône.	3	4.
Seine-Inférieure.	11	12.
Seine-et-Marne.	5	6.
Seine-et-Oise.	7	8.
Somme.	7	8.

Deux en ont 2 de moins : l'Hérault, 4 au lieu de 6; le Rhône, 5 au lieu de 7.

Enfin, 1 en a 13 de moins; la Seine, 14 au lieu de 27.

On ne doit s'étonner ni s'alarmer de voir la députation de la Seine portée à ce nombre, 27, qui est moyen proportionnel entre ceux 14 et 50, le premier exprimant le rapport de sa population, et le second celui de sa contribution. Il y avait bien plus d'injustice de la part de la commission de la Chambre des députés à en proposer 3 pour la Corse, et à n'en proposer que 5 pour le Rhône et 4 pour l'Hérault, qu'il n'y en aurait à réduire d'une seule unité le nombre de 27 députés auquel a incontestablement droit le département de la Seine, dans le rapport général du système par elle présenté. M. le comte de Laborde a fait valoir, lors de la discussion relative à la députation de la Seine, tous les motifs qui devaient engager la Chambre à la porter au moins à 16 députés. Nous ne pouvons attribuer les fâcheuses préventions de la Chambre des députés qu'au défaut des documens qui auraient dû lui être fournis sur cet objet par le ministère et par le conseil-d'État. Le rapporteur de la commission s'est sans doute vu obsédé par les députés qui sont intervenus pour leurs départemens, tandis que d'autres se sont abstenus; et c'est ainsi que l'arbitraire a pu s'introduire dans la répartition, faute d'une base positive. On doit convenir ensuite que les circonstances politiques où se sont trouvés les membres du ministère les ont détournés de cette recherche, et ont absorbé leurs facultés en leur faisant peut-être un monstre de l'influence qu'aurait pu acquérir un seul département, par une députation qu'on trouvait déjà assez nombreuse dans les rangs de l'opposition libérale.

On remarquera que dans le Nord, le Pas-de-Calais, le Bas-Rhin, la Haute-Saône, c'est au détriment de la population que la Chambre a formé sa répartition; tandis que dans les autres, c'est au détriment de la richesse et de l'industrie, excepté pour la Manche, où les deux bases ont été également lésées.

Une mesure peut être prise toutefois qui permettrait de satisfaire aux prétentions, sinon aux droits acquis de presque tous les départemens. La Chambre des pairs s'est contentée d'accorder un député de plus à quatre de ces départemens qu'elle a jugés les plus lésés dans la répartition.

Pour tout concilier, il faudrait adopter une base plus large. En partant du nombre rond de 32 millions d'habitans de la France, ne pourrait-on fixer les arrondissemens électoraux à une population moyenne de 64,000 âmes, et à une contribution moyenne, en principal, de 44,000 fr., ce qui produirait 500 arrondissemens et 500 députés, ces deux termes étant le 500e de la population et des contributions directes?

Voici quelle serait, dans l'adoption de ce système rationnel et rigoureusement exact, la députation à attribuer à chaque département.

Ain.	5 dép.	Drôme.	4 dép.
Aisne.	7	Eure.	8
Allier.	4	Eure-et-Loir.	5
Basses-Alpes.	2	Finistère.	6
Hautes-Alpes.	2	Gard.	6
Ardèche.	4	Haute-Garonne.	7
Ardennes.	4	Gers.	5
Arriége.	3	Gironde.	10
Aube.	4	Hérault.	6
Aude.	5	Ille-et-Vilaine.	7
Aveyron.	5	Iudre.	4
Bouches-du-Rhône.	6	Indre-et-Loire.	5
Calvados.	9	Isère.	8
Cantal.	4	Jura.	4
Charente.	5	Landes.	3
Charente-Inférieure.	7	Loir-et-Cher	4
Cher.	4	Loire.	5
Corrèze.	3	Haute-Loire.	3
Corse.	2	Loire-Inférieure.	7
Côte-d'Or.	7	Loiret.	6
Côtes-du-Nord.	7	Lot.	4
Creuse.	5	Lot-et-Garonne.	6
Dordogne.	7	Lozère.	2
Doubs.	4	Maine-et-Loire.	7

Manche.	9 dép.	Rhône.	8 dép.
Marne.	5	Haute-Saône.	5
Haute-Marne.	4	Saône-et-Loire.	8
Mayenne.	5	Sarthe.	7
Meurthe.	6	Seine.	29
Meuse.	5	Seine-Inférieure.	13
Morbihan.	6	Seine-et-Marne.	6
Moselle.	6	Seine-et-Oise.	8
Nièvre.	4	Deux-Sèvres.	4
Nord.	14	Somme.	9
Oise.	7	Tarn.	5
Orne.	7	Tarn-et-Garonne.	4
Pas-de-Calais.	10	Var.	5
Puy-de-Dôme.	7	Vaucluse.	3
Basses-Pyrénées.	5	Vendée.	5
Hautes-Pyrénées.	3	Vienne.	4
Pyrénées-Orientales.	2	Haute-Vienne.	4
Bas-Rhin.	8	Vosges.	5
Haut-Rhin.	5	Yonne.	5
		Total. . . .	500 dép.

On peut remarquer dans cette répartition que
21 des 30 départemens qui ont été trop favori-
sés par le projet de la Chambre des députés,
obtiennent légalement la députation qui leur a
été attribuée ; mais il y en a 9 encore qui n'ont
pu y atteindre ; ce sont la Creuse, le Doubs, le
Lot, la Lozère, la Marne, les Pyrénées-Orien-
tales, Vaucluse, la Vienne et la Haute-Vienne.

Nous allons entrer dans quelques détails sur
l'application de notre répartition aux principaux
départemens, afin que l'on en comprenne bien
l'exécution et ses résultats.

1° Département de la Seine.

Nous observons d'abord que chacun des 2

arrondissemens de la banlieue de Paris ne peut avoir droit par sa population et sa contribution qu'à un député. Reste 27 députés pour Paris; cette ville devra donc être divisée en 27 arrondissemens électoraux, nommant chacun un député, ayant une population moyenne de 33,000 âmes, et payant 839,000 fr. de contribution. Par conséquent chaque arrondissement municipal sera subdivisé en autant de sections électorales qu'il contiendra de fois cette population moyenne de 33,000 âmes. Ce sera 'au préfet de la Seine, assisté des 12 maires, à former cette répartition.

2° Département du Rhône.

La population de Lyon est de 164,833 âmes, et lui donne droit à 2 députés au moins; mais la contribution est de 2,706,962 fr., et elle lui donne droit à 6 députés : le terme moyen est 4 députés. Lyon sera donc divisé en 4 arrondissemens d'environ 41,000 âmes chacun, payant 676,000 f. Il restera 4 députés à nommer par l'arrondissement de Lyon *extrà-muros*, et celui de Villefranche. La population moyenne de chacun de ces arrondissemens électoraux sera de 63,000 âmes, et leur contribution d'environ 300,000 fr.

3° Département des Bouches-du-Rhône.

La ville de Marseille, par sa population de 115,943 âmes, aurait droit à 2 députés : par sa contribution d'environ 2,000,000 fr., elle a droit à 4 députés au moins. Le terme moyen est 3 députés. Ses 3 arrondissemens électoraux auront donc chacun 38,600 âmes, et payeront 666,000 fr. Le surplus du département contenant 210,359 âmes et payant 1,514,672 fr., sera divisé en 3 arrondissemens de chacun 70,000 âmes, payant 505,000 fr.

4°. Département de la Gironde.

Bordeaux a une population de 93,549 âmes, qui lui donne droit à plus d'un député. Sa contribution de 2,606,339 fr. lui donnerait droit à 6 députés; le terme moyen est 3 députés. Cette ville sera donc divisée en 3 arrondissemens électoraux de 31,000 âmes. Il restera 7 députés à répartir entre le surplus de la population du département, qui est de 444,602 âmes, à raison de 63,000 âmes et de 440,000 fr. par arrondissement moyen. D'où l'on voit que celui de Libourne doit céder quelques cantons à ses voisins Blaye et la Réole; et celui de Bordeaux *extrà-muros* être divisé en deux, après avoir cédé quelques cantons encore à celui de Lesparre.

5°. Département de la Seine-Inférieure.

Rouen a une population de 90,000 âmes qui lui donne droit à plus d'un député, et a droit à près de 5 députés par sa contribution de 2,122,580 fr. Le terme moyen est donc 3 députés, comme dans le projet de loi. Le surplus de la population du département étant de 598,295 âmes, doit être divisé en 10 arrondissemens électoraux d'environ 60,000 âmes chacun. Par conséquent l'arrondissement de Rouen *extrà-muros* en formera 2, et il sera nécessaire de modifier la répartition indiquée pour les autres arrondissemens, attendu son extrême irrégularité, de manière à se rapprocher le plus possible des bases ci-dessus. On remarquera, par exemple, que la ville du Hâvre devrait être réunie à quelques cantons *extrà-muros*, pour arriver à une population d'environ 60,000 âmes.

6°. Département de la Loire-Inférieure.

Nantes, par sa population de 80,043 âmes, aurait droit à plus d'un député : par sa contribution de 1,005,516 fr., cette ville a droit à près de 3 députés : le terme moyen est de 2 comme au projet de loi. Il resterait à procéder à une répartition de population plus égale entre les arrondissemens électoraux du département; ceux de Nantes *extrà-muros* et de Savenay étant trop forts, et ceux de Paimbœuf et d'Ancenis trop faibles.

7°. Département du Nord.

Lille, peuplée de 82,860 âmes, a droit à plus d'un député : sa contribution de 835,444 fr. doit lui en faire accorder deux. Son arrondissement *extrà-muros*, par sa population de 197,501 âmes, doit en obtenir 3, sa contribution devant d'ailleur lui en faire accorder plus de 2. L'arrondissement de Douay, en y comprenant la ville, n'a

2

droit qu'à un député; ceux de Valenciennes et d'Avesnes devraient être démembrés pour former un 3e arrondissement qui serait celui de Maubeuge. Enfin une partie de l'arrondissement d'Hazebrouck devrait être réunie à celui de Dunkerque.

8° Département du Bas-Rhin.

Strasbourg, par sa population d'environ 50,000 âmes, n'aurait droit qu'à un député; sa contribution de 603,307 fr. ne lui donne non plus droit qu'à 1 député. Mais son arrondissement *extrà-muros*, peuplé de 150,627 âmes et payant 709,612 fr., a droit à deux députés. L'arrondissement de Schelestadt à droit aussi à deux députés. Enfin, un arrondissement de plus doit être formé, à Haguenau, du démembrement de ceux de Saverne et de Wissembourg pour compléter les huit députés attribués à ce département.

Nous n'avons sans doute pas besoin de pousser plus loin ces exemples de répartitions; leur principe étant une fois adopté par le gouvernement, l'exécution peut en être confiée au ministère, aux préfets et aux conseils de préfecture ou de département. La loi sous le rapport de cette répartition peut se réduire aux quatre articles suivans :

Art. 1er. Il y aura 500 députés désignés par les départemens, pour former la Chambre des communes.

Art. 2. Chaque député sera nommé par un arrondissement électoral, dont la population et la contribution en principal, seront du 5oo⁰ de la population et de la contribution directe totales de la France, aujourd'hui de 32,ooo,ooo d'âmes et de 22ó,ooo,ooo de francs, ou une moyenne proportionnelle entre ces deux bases : c'est-à-dire qu'un arrondissement électoral moyen sera de 64,ooo âmes, et payera 44o,ooo fr. de contributions directes en principal.

Art. 3. D'après la population et les contributions des 86 départemens de la France, leur nombre de députés est fixé de la manière suivante.

(Ici suivrait le tableau que nous avons donné ci-dessus.)

Art. 4. Le ministre de l'intérieur, les préfets, et dans les villes contenant une population de 6o,ooo âmes et plus, les maires, sont chargés de la répartition des arrondissemens électoraux d'après les bases ci-dessus énoncées, et de manière à s'en rapprocher le plus qu'il sera possible.

Passons maintenant à la partie du projet relative à la nomination des députés.

Lorsque Louis XVIII nous octroya une charte dans laquelle un article disait : *Chaque départe-*

ment aura le même nombre de députés qu'il a eu jusqu'à présent : et un autre que *les électeurs devaient avoir* 3o *ans au moins et payer au moins* 3oo *fr. de contributions directe;* il faut convenir qu'on ne regardait pas de trop près à la rédaction des lois, et surtout d'une loi primordiale telle que la Charte. On agit à peu près de même lorsque l'on porta, par infraction à cette Charte le nomb re des députés à 43o, ce qui était calculé simplement à raison de 5 députés par département, l'un dans l'autre, et sans beaucoup s'occuper d'une base rationnelle de répartition.

Le gouvernement pouvait diminuer la contribution directe en augmentant d'autant les impôts indirects. Ainsi, par des dégrèvémens successifs, il diminuait à son gré le nombre, et par conséquent les influences des petits électeurs : il pouvait arriver de cette manière à n'avoir plus pour électeurs que des éligibles. Dégrévés jusqu'à 3oo fr., il y en aurait eu encore 16,ooo ; car il lui fallait bien en conserver un petit nombre pour faire aller la machine représentative; et il y aurait eu alors tout au plus 1,8oo éligibles entre lesquels on aurait choisi les 43o députés : on voit qu'ils auraient été à peu près inamovibles et même héréditaires.

Nous signalons ainsi le vice capital de la détermination d'un cens électoral et d'éligibilité à une somme d'argent invariable, et qui n'est en rapport ni avec la population, ni même avec la richesse foncière ou industrielle de chaque département; car de là résultait que, sur deux départemens d'une semblable population, la Gironde et le Bas-Rhin, le premier comptait 2,653 électeurs, et le second seulement 600, c'est-à-dire pas le quart, quoique la contribution du premier ne fût pas même double de celle du second, et que le nombre des députés du second fût les deux tiers de celui du premier.

Nous proposons de déterminer un cens électoral et un cens d'éligibilité qui soient, d'après le principe qui nous a guidé précédemment, constamment en rapport avec la population et la richesse de chaque arrondissement, calculée, exprimée par ses contributions directes, ou qui suive une moyenne proportionnelle entre ces deux bases; qui soit à l'abri de toutes les vicissitudes des dégrèvemens ou des augmentations d'impôts, et enfin, qui produise dans chaque arrondissement électoral à peu près le même nombre d'électeurs et d'éligibles. En conséquence, c'est ainsi que nous procéderons.

Les contributions directes de toute la France, en principal, s'élèvent aujourd'hui à 220,000,000 fr. Divisons cette somme par le nombre 32,000,000 des individus, nous aurons 6 fr. 88 c.; mettons 7 fr. en nombre rond, pour la cote individuelle moyenne. Nous partirons de là pour établir le cens électoral moyen en France. En prenant pour base les 200 fr. que la Chambre des députés a cru devoir admettre pour cens électoral, nous dirons : *Le cens électoral sera, dans chaque arrondissement, de* 30 *fois la cote individuelle calculée pour cet arrondissement.*

Si l'on prend au hasard l'un des 21 départemens de la première catégorie que nous avons signalée, où la population et la contribution sont à peu près dans le même rapport, l'Allier par exemple, nous trouverons une contribution de 1,480,095 fr., une population de 285,302 âmes, par conséquent une cote individuelle de 5 fr. 20 c. et un cens électoral de 156 fr. Ce sera le cens moyen de ce département : nous disons moyen, car il sera toujours à propos de le calculer pour chaque arrondissement électoral. Pour l'Yonne, nous trouvons une contribution de 2,389,136 fr., une population de 342,116 âmes; par conséquent, une cote individuelle de 6 fr. 98 c., disons 7 fr., et un cens électoral moyen de 210 fr.

Si nous prenons des départemens qui contiennent des villes populeuses et riches, le Rhône par exemple, nous trouvons pour Lyon, qui doit former 4 arrondissemens, une contribution de 2,706,962 fr., une population de 164,833 âmes, par conséquent une cote individuelle de 16 fr. 40 c. et un cens électoral de

492 fr. Mais, dans les 4 autres arrondissemens, la contribution étant de 1,198,696 fr., et la population de 251,742 âmes, la cote individuelle sera 4 fr. 80 c., et le cens électoral moyen 144 fr.

Dans la Seine-Inférieure, où Rouen forme 3 arrondissemens, la cote individuelle pour la ville sera de 23 fr. 60 c.; et le cens électoral de 708 fr.; mais, dans les 10 autres arrondissemens, la cote individuelle sera seulement 8 fr. 80 c., et le cens électoral moyen de 264 fr.

Dans le Bas-Rhin, où Strasbourg ne doit former qu'un arrondissement, la cote individuelle de la ville chef-lieu sera de 12 fr.. et le cens électoral de 360 fr. Dans les 7 autres arrondissemens, la cote moyenne sera de 4 fr. 60 c., et le cens électoral moyen 138 fr.

Dans le département de la Seine, nous aurons pour Paris une cote individuelle de 25 fr. 40 c., et un cens électoral de 762 fr.; tandis que dans la banlieue, la cote individuelle ne sera que de 10 fr., et le cens électoral de 300 fr.

Prenons maintenant pour exemple les départemens les moins imposés à raison de leur population, savoir : les Côtes-du-Nord et la Corse. On trouvera que, dans le premier, le cens électoral ne s'élèverait qu'à 115 fr., et, dans le second, à 45 fr.

On ne doit point s'étonner de la variabilité du

cens électoral déduit d'un tel principe : il faut plutôt admirer la manière convenable et avantageuse avec laquelle il se prête à toutes les localités. L'exemple cité du département du Rhône, où une population peu aisée entoure une ville riche par son industrie, nous montre bien cette convenance, lorsqu'il en résulte que le cens électoral de la ville se trouve presque quadruple de celui des arrondissemens ruraux. Que résultait-il au contraire du cens électoral fixé à 3oo fr.? Que, sur 2,3o8 électeurs de ce département, on devait en compter à peu près 2,1oo dans Lyon, nommant 3 députés à 7oo électeurs par collége, tandis que 2o8 électeurs seulement, répartis en 2 colléges, nommaient les 2 députés de 2 arrondissemens ruraux. L'abaissement du cens électoral à 2oo fr. ne ferait qu'augmenter le nombre des électeurs dans les mêmes proportions, et sur 4,1oo qu'on en aurait compté dans le Rhône, Lyon en aurait eu vraisemblablement 3,73o, tandis que les arrondissemens ruraux n'en auraient eu que 37o.

Dans le département de la Seine, où l'on comptait environ 12,ooo électeurs à 3oo fr., et où l'on en suppose 36,o4o à 2oo fr., la nomination de 14 députés eût été faite à raison de 857 électeurs par collége dans le premier cas, et de 2,574 dans le second. Quel avantage en serait-il résulté pour ce département? Aurait-il suffi à la satisfaction d'un tel nombre d'électeurs d'avoir concouru à la nomination de 14 députés, lorsqu'ils auraient vu dans quelques départemens 300 électeurs au plus à 200 fr. de cens en nommer 2 ? ce qui établit l'influence de ces derniers, relativement à ceux de la Seine, dans le rapport de 17 à 1.

Le principe que nous exposons a cet avantage éminent qu'il tend au contraire à établir une égalité trés-rapprochée dans le nombre des électeurs de tous les arrondissemens répartis d'après ces bases. En effet, il est facile de concevoir que l'on trouvera dans chacun d'eux à peu près le même nombre de citoyens payant trente fois la cote individuelle calculée pour l'arrondissement. Si cette égalité est troublée, ce ne peut être que par la différence entre les rapports de la population et de la contribution directe, entre lesquels le nombre des électeurs sera néanmoins toujours moyen proportionnel, et présentera une compensation, soit que le rapport de la population excède celui de la contribution, soit le contraire.

Si l'on réunit les 21 départemens de la première catégorie où nous trouvons le cens moyen établi à 200 ou 210 fr., on verra que le nombre des électeurs y sera de 400 à très-peu près par arrondissement, et l'on remarquera que les 12,000 électeurs à 300 fr. de la Seine, répartis entre ses 29 arrondissemens, produiront à peu près ce même nombre de 400 électeurs par collége, d'où l'on peut conclúre qu'il y aura 200,000 électeurs pour toute la France.

Voudrait-on prétendre maintenant qu'il y aurait un danger, ou au moins un grave inconvénient à voir le cens électoral abaissé dans quelques arrondissemens au taux d'environ 115 fr. et même en Corse à 45 fr.? nous ne saurions adopter de telles craintes. N'est-il pas de toute évidence que, dans ces arrondissemens peu imposés, le citoyen, qui paye 30 fois la cote individuelle, présente tout autant et même plus de garanties à ses concitoyens que n'en offrent, dans les départemens riches des bords de la Seine et dans les grandes villes industrielles, ceux qui payent 300 fr. de contributions ? D'ailleurs, la Corse est le seul département où le cens s'abaisse à 45 fr., et la condition d'introduire au moins 150 électeurs plus imposés par arrondissement, déterminant un nombre de 300 électeurs pour la Corse, qui n'en comptait que 20 à 300 fr., doit y amener des citoyens dont le cens sera certainement peu élevé au-dessus de 45 fr.; car, d'après les proportions générales, ou n'y trouvera probablement que 40 électeurs à 200 fr., 120 peut-être à 100 fr., et il faudra bien descendre au moins jusqu'à 45 fr. pour compléter les 300 électeurs.

D'un autre côté, on doit avoir égard aux droits

acquis par les citoyens payant 3oo fr. de contribution, en statuant que le cens électoral ne pourra dépasser ce taux.

En conséquence toute la partie de la loi relative aux électeurs se réduira aux trois articles suivans.

Art. 5. Il sera fait dans chaque arrondissement électoral un calcul de la cote individuelle de contributions résultant de la division de la totalité de ses contributions directes en principal par sa population; le cens électoral sera de trente fois cette cote individuelle, et exprimé en francs sans fractions *.

Art. 6. Le cens électoral ne s'élèvera pas au-dessus de 3oo fr.

Art. 7. Tous les citoyens payant en contributions directes et en principal le cens électoral ainsi déterminé, seront appelés à nommer un député dans le collége de leur arrondissement.

Le principe que nous avons admis s'applique parfaitement aux conditions de l'éligibilité des

* *Nous disons de sa contribution directe en principal, mais il n'est pas nécessaire d'en faire la recherche en cas de confusion, et là cote individuelle, ainsi que le cens électoral, peuvent être calculés sur la masse totale de toutes les contributions dans un même arrondissement : ceci répond à un article inséré dans le Temps, du 5 avril.*

députés. Il suffira de statuer, en se renfermant dans les limites adoptées par les Chambres, que *l'on sera éligible à la Chambre des communes dans un arrondissement quelconque, en payant en contribution directe et en principal trois fois la somme qui y aura été fixée pour le cens électoral, sans toutefois que cette contribution puisse être au-dessous de 3oo fr., ni doive excéder 1ooo fr.*

Nous ne pensons pas qu'il soit nécessaire d'appuyer cette proposition sur de nouveaux développemens. Nous nous bornerons à faire remarquer que ce même principe s'appliquerait encore très-bien à la détermination des électeurs municipaux et d'arrondissement, car on peut, dans une commune quelconque, désigner comme électeur municipal, tout citoyen payant trois fois la cote individuelle calculée pour cette commune, et comme électeur d'arrondissement, tout citoyen payant dix fois la cote individuelle calculée pour cet arrondissement.

Par exemple, à Paris, la cote individuelle étant de 25 fr., tout électeur municipal devra payer 75 fr. de contribution directe; à Lyon, ce sera 48 fr.; à Strasbourg, 36 fr.; à Troyes, 29 fr.; à Carcassonne, 35 fr.; à Caen, 38 fr.; dans une commune de 3,000 âmes, où la contribution ne s'éleverait qu'à 15,000 fr., l'électeur municipal devra payer 15 fr.; dans une commune de 3oo âmes, où la contribution ne s'éleverait qu'à 900 f., il devra payer 9 fr., etc.

Dans l'arrondissement de Sceaux, l'électeur d'arrondissement payera 100 fr.; dans celui de Belley (Ain), il payera 36 fr.; dans celui de Tournon (Ardèche), il payera 10 fr.

Nous n'avons point traité la question toute politique des adjonctions électorales prises dans les listes du jury. Nous aurions désiré voir la Chambre des pairs détruire la condition du demi-cens imposée par celle des députés, comme nous aurions voulu voir admettre parmi les éligibles, les fonctiounaires retraités jouissant de pensions de 3,600 fr. au moins, y compris le traitement de la Légion-d'Honneur.

L'art. 67 de la loi proposée porte : « Les dé- » putés à la Chambre ne reçoivent ni traitement » ni indemnité. »

Nous oserons réclamer vivement contre une telle mesure, que nous trouvons subversive des dispositions bienveillantes qui ont fait abaisser le cens d'éligibilité; d'ailleurs elle aurait des conséquences funestes dans l'avenir que le passé nous a appris à redouter.

Combien n'existait-il pas antécédemment de citoyens remplis de capacité et de patriotisme,

mais qui ne pouvaient quoique éligibles suppor-
ter les frais d'un déplacement lointain et d'un
séjour prolongé à Paris? En effet, un éligible
payant 1,ooo fr. de contributions pouvait n'avoir
que 5,ooo fr. de revenu net, être chargé d'une
famille plus ou moins nombreuse : comment
aurait-il pu faire face à un double voyage de 15o
lieues, terme moyen? à une dépense de 5oo fr.
par mois de séjour à Paris, minimum admissible
pour un député obligé de paraître décemment en
public, chez les ministres et chez le roi? Beaucoup de ces citoyens ont donc dû renoncer à la
candidature, et nous en connaissons qui ont fait
de vrais et grands sacrifices à leur pays, en cé-
dant aux vœux de leurs concitoyens, déterminés
qu'ils étaient à n'accepter aucune faveur du
précédent gouvernement.

Admettre des éligibles à 5oo fr. de cens, c'est
donc seulement augmenter bien inutilement le
nombre des citoyens qui éprouveront le regret
de ne pouvoir accepter une honorable fonction,
si on ne leur accorde pas une juste indemnité
de déplacement et de séjour.

Nous avons entendu avec étonnement un
membre de la Chambre des pairs s'élever contre
cette indemnité, en prétendant qu'un député ne
serait plus indépendant du moment où il rece-
vrait ce que le noble pair appelle un salaire. Ce
pair oubliait-il donc que c'était précisément

parce que sous Charles X les députés ne rece-
vaient aucune indemnité, que ses ministres
avaient trouvé un moyen facile d'introduire leurs
créatures dans la Chambre, en leur faisant al-
louer pour prix de leurs votes un traitement se-
cret, soit sur la liste civile, soit sur quelques re-
venus occultes et échappant à l'investigation des
Chambres? Or, ce qui s'est fait sous Charles X,
si nous savons bien que l'on ne pourrait l'exécu-
ter sous Louis-Philippe, pourrait-on nous ré-
pondre qu'on ne le tenterait pas sous quelqu'un
de ses successeurs?

Ainsi donc, loin que nous devions craindre
qu'une juste indemnité telle que nous l'indi-
quons détruise l'indépendance des députés,
nous affirmerons qu'au contraire elle en sera la
plus sûre garantie, à cause de sa publicité et de
sa généralité. Nous ajouterons qu'elle pourra
imprimer, d'ailleurs, une force coercitive à l'as-
siduité des députés aux délibérations de la
Chambre.

On insistera peut-être encore contre cette indemnité en la considérant comme un moyen
offert à l'intrigue : mais plus on offrira aux
hommes prudens et raisonnables des moyens
d'accepter la députation, moins il restera aux
intrigans de chances pour y arriver.

Le principe de l'indemnité pour les députés
une fois admis, quelques publicistes pourraient

en conclure qu'il serait inutile d'imposer des bornes à l'éligibilité, cette indemnité pouvant permettre à tout citoyen jouissant de la confiance publique dans son arrondissement d'accepter la députation. Nous ne pouvons dire que telle serait notre opinion. Il nous paraît utile qu'un député offre à toute la France certaines garanties par sa position sociale, ses propriétés ou son industrie, et nous craindrions qu'une éligibilité indéfinie, favorable à quelques talens reconnus, n'ouvrît une carrière trop vaste et trop facile à de nombreuses et impatientes ambitions.

Choisy-le-Roi, le 4 avril 1831.